目录

U0734373

国术
健身

周　倩
牛爱军 ○ 编著

五禽戏

人民邮电出版社
北京

图书在版编目（CIP）数据

五禽戏 / 周倩，牛爱军编著. -- 北京：人民邮电
出版社，2024.9. --（国术健身）. -- ISBN 978-7
-115-64594-4

Ⅰ. G852.9

中国国家版本馆 CIP 数据核字第 2024JD9526 号

免 责 声 明

本书内容旨在为大众提供有用的信息。所有材料（包括文本、图形和图像）仅供参考，不能替代医疗诊断、建议、治疗或来自专业人士的意见。所有读者在需要医疗或其他专业协助时，均应向专业的医疗保健机构或医生进行咨询。作者和出版商都已尽可能确保本书技术上的准确性以及合理性，并特别声明，不会承担由于使用本出版物中的材料而遭受的任何损伤所直接或间接产生的与个人或团体相关的一切责任、损失或风险。

内 容 提 要

本书从"什么是五禽戏""为什么练五禽戏"和"怎么练五禽戏"三个角度出发，对五禽戏的起源、发展和习练要领进行了介绍，对五禽戏的健身作用进行了解析，对五禽戏的基本功与功法套路的练习方法进行了讲解。

在功法套路的讲解部分，本书不仅通过真人连拍图对动作步骤进行了展示，还对练习的基本要求、功理作用、呼吸方式和易犯错误进行了讲解。此外，本书免费提供了五禽戏的在线学练视频，旨在帮助读者降低学习难度，提升练习效果。无论是五禽戏的学习者，还是教授者，都可从本书受益。

◆ 编　著　周　倩　牛爱军
　　责任编辑　王若璇
　　责任印制　彭志环
◆ 人民邮电出版社出版发行　　北京市丰台区成寿寺路 11 号
　　邮编　100164　　电子邮件　315@ptpress.com.cn
　　网址　https://www.ptpress.com.cn
　　廊坊市印艺阁数字科技有限公司印刷
◆ 开本：700×1000　1/16
　　印张：6　　　　　　　　　　　　2024 年 9 月第 1 版
　　字数：64 千字　　　　　　　　2025 年 10 月河北第 3 次印刷
定价：29.80 元
读者服务热线：(010)81055296　印装质量热线：(010)81055316
反盗版热线：(010)81055315

壹 源

什么是五禽戏

五禽戏的起源

《黄帝内经·素问·上古天真论》指出：上古之人，其知道者，法于阴阳，和于术数，食饮有节，起居有常，不妄作劳，故能形与神俱，而尽终其天年，度百岁乃去。其中"不妄作劳"的意思是"运动要适度"。

东汉末年著名医学家华佗主张：人体欲得劳动，但不当使极尔。动摇则谷气得消、血脉流通，病不得生，譬如户枢不朽是也。

宋代蒲处贯在《保生要录·调肢体门》中写道：养生者，形要小劳，无至大疲。故水流则清，滞则浊。养生之人，欲血脉常行，如水之流。坐不欲至倦，行不欲至劳，频行不已，然宜稍缓，即是小劳之术也。

《后汉书》位列"二十四史"之一，主要记载了东汉时期所发生的历史事实。《后汉书·华佗传》上记载了神医华佗编创五禽戏的过程。

华佗有位弟子名叫吴普。华佗教导吴普：流水不腐户枢不蠹，血脉流通，人才能不得病，所以必须运动，但运动不能过度，过犹不及；动物各有优势，是人所不能及的，比如，虎擅长捕食，鹿擅长奔跑，熊擅长行走，猿猴擅长攀缘，仙鹤擅长翱翔，这些本领都远胜于人类，人类需要从中汲取长处、学习一些姿势动作进行锻炼，弥补人体的弱项，强健筋骨、治疗疾病；当身体不舒服的时候，根据情况选择性地进行练习，练到微微出汗，然后在身上扑上一层药粉，在锻炼和药效的双重作用下，感觉到腿脚轻便有食欲，病体也就基本痊愈了。

吴普按照华佗的教导，勤加练习五禽戏，90 多岁的时候还有满口坚固的牙齿，耳不聋、眼不花。三国时期，人们平均寿命大约为 40 岁，吴普 90 多岁还能如此健康，实在少见。

《后汉书·华佗传》上虽然记载了华佗编创五禽戏的过程，但是却没有记载五禽戏的动作细节。

南北朝时期，在句容句曲山（今江苏茅山）上住着一位有名的道士，名为陶弘景。后世熟知的"茅山道士"这个称呼，就起自陶弘景。据考证，陶弘景曾系统学习过吴普的医术和五禽戏。陶弘景编写了《养性延命录》，书中首次记载了五禽戏的动作应该如何练习。

此后，五禽戏代代流传，史书记载不绝如缕。

在唐代，很多文人雅士练习五禽戏。柳宗元被贬到永州的

五禽戏的发展

时候，留下了"闻道偏为五禽戏，出门鸥鸟更相亲"（《从崔中丞过卢少尹郊居》）的诗句。

诗人李商隐比柳宗元小 40 岁，喜欢求仙问道。李商隐曾写过一封信送给隐居在西岳华山的孙道士孙逸人，"海上呼三岛，斋中戏五禽"（《寄华岳孙逸人》），讲述自己把练习五禽戏作为求仙问道的重要手段。

诗人陆龟蒙与皮日休都是晚唐著名诗人，人们将其并称为"皮陆"。其中，皮日休字袭美，因此很多首陆龟蒙与皮日休的唱和之作都叫作《奉和袭美》。例如《奉和袭美赠魏处士五贶诗·乌龙养和》就是赠给隐居的魏处士的一首诗，其中五贶指五件心爱的宝物，养和是一种坐在地面或榻上时使用的椅子，这种椅子没有椅腿，只有靠背。诗中提到的这件养和样式像龙，颜色为黑，所以叫乌龙养和。诗中称赞这件养和"所以亲逋客，兼能助五禽"，其中逋客指的是隐士。

不难看出，历史上包括诗人、道士等在内的许多名人都有着练习五禽戏的生活习惯。

宋代也有很多关于文人雅士练习五禽戏的记载。北宋的王周写过一首诗，叫作《道院》："白日人稀到，帘垂道院深。雨苔生古壁，雪雀聚寒林。忘虑凭三乐，消闲信五禽。谁知是官府，烟缕满炉沈。"这首诗说明当时在道院里练习五禽戏是比较常见的。

王安石在《张氏静居院》诗中描述了八十余岁的老翁颐养天年的场景，其中有两句是"北堂画五禽，游戏养形躯"，可见五禽戏在民间也较为普及。

南宋大诗人陆游在《春晚》中写道："啄吞自笑如孤鹤，导引何妨效五禽。"其中"啄吞"是呼吸吐纳之意。陆游晚年经常练习呼吸吐纳和五禽戏，以 85 岁高龄辞世。

宋词中也有五禽戏的身影。南宋的侯置写过一首词《念奴娇·竞春台榭》，其中有一句：八锦行持，五禽游戏，已受长生箓。其中长生箓指的是保佑健康长寿的符箓。这句词说明在宋代，八段锦、五禽戏已经成为人们公认的促进健康长寿的锻炼良方。

到了明清时期，文人雅士练习五禽戏的记载日渐丰富，很多养生书籍中专门记载了五禽戏的练习方法和动作图像。

五禽戏的习练要领

| 调身理气 |

五禽戏要求"演虎像虎、仿鹿如鹿",因此要建立正确的动作概念,做到姿势正确、方法清楚、动作舒展;同时在习练过程中要做到全神贯注、心平气和,以达到"柔筋健骨、调畅气血、疏通经络"的习练效果。

与此同时,在习练时还要注意根据自己的健康状况来调整和安排运动量、运动强度,把握好动作的速度、步姿的高低、幅度的大小、习练的时间,由浅入深,打好基础,逐步提高。

| 调息顺气 |

五禽戏动作中有很多末梢关节的运动,强调动作的细节,要求动作准确,力求动作技术规范,并有意识地调整呼吸,掌握起吸落呼、开吸合呼、先吸后呼、蓄吸发呼的动作与呼吸配合规律,不断去体会、掌握、运用与自己身体状况或与动作变化相适应的呼吸方法,进一步调畅体内气血和调顺呼吸之气,以气养神,身心合一,在习练过程中显示出五禽的韵味和动作内涵。

| 调心静心 |

所谓"形不正则气不顺，气不顺则意不宁，意不宁则神散乱"。习练五禽戏时，在确保姿势正确的前提下，各部分肌肉应尽量保持放松，做到舒适自然不僵硬，这样才能使气血畅通，呼吸均匀，逐步进入练功状态。松和静是紧密相连的，体松则心静，心静则体松，二者相辅相成。静可以休息、调节大脑，有健脑的作用。入静后，全身各方面的活动也随之变慢，减少消耗，降低各个器官的负担，对全身也是一种休息、调节。习练时"心要清，息要静，身要松"。练习五禽戏时用意太过，反而不能真正入静，因此必须不急不躁，求其自然。习练时要将意识、神韵贯注于动作中，排除杂念，思想达到相对的"入静"状态。

贰

因

内养五脏

娱悦精神

外练筋骨

为什么练五禽戏

内养五脏

五禽戏是体医融合的典型代表。金元四大家之一的张从正主张通过导引锻炼来治疗疾病。导引即导气令和、引体令柔，指通过呼吸吐纳、屈伸俯仰、活动关节等综合方法来活动肢体、调整心身。张从正认为导引锻炼可以"开玄府而逐邪气"（"开玄府"指打开毛孔），从而达到"平准所谓导引而汗者，华元化之虎、鹿、熊、猴、鸟五禽之戏，使汗出如傅粉，百疾皆愈"。

五禽戏中每个动作的练习都强调与呼吸的配合，即通过有意识地调整呼吸，达到调畅体内气血和调顺呼吸之气，进而以气养神，内养五脏的功效。

外练筋骨

根据《后汉书·华佗传》中的记载，进行五禽戏练习时需要"引挽腰体、动诸关节"。其中"引挽腰体"指的是五禽戏的动作皆启动于腰，吸气则蓄劲，提腰立脊；呼气则放松，沉腰松腹；腰是动作的主宰，气如车轮，腰似车轴，周身之动作皆由腰来带动，不管是躯干的前俯、后仰、侧屈、拧转，还是四肢的收放、屈伸、摆转、折叠，都是以腰为枢纽，引领肢体各部位和关节向各个方向运动。"动诸关节"指的是以腰为枢纽带动四肢百骸进行运动，并带动各关节活动，不仅注重大关节和大肌肉群的运动，还特别注意手指、脚趾等小关节的运动，以达到加强远端血液微循环的目的。这一点集中体现在五禽五种手型的变化中。同时，五禽戏练习还注重对平时活动较少或易为人们所忽视的肌肉群的锻炼。

综上所述，进行五禽戏练习有助于强健筋骨，同时还可以提升身体的灵活性。

五禽戏外仿五禽之形、内仿五禽之神，与此同时，还要"移情""换景"，把自身置于五禽"嬉戏"的场景中，表现出虎之威猛、鹿之安舒、熊之沉稳、猿之灵巧和鸟之轻捷。比如鹿戏，不仅要求动作上"练鹿似鹿"以体现鹿的轻盈敏捷；鹿戏主肾，从神志上来讲"肾志主恐"，在习练鹿戏时还要"变己为鹿"，从动作、眼神、心理上表达出安舒中之谨慎、放松中之警觉，如此才能达到形神合一的境地。

从整套功法来看，五禽戏就像一幅图画，进退合理，波浪起伏，形变神随，旋中求正，方中有圆；神清又气爽，仿生且导引；在变化中求美，在运动中防病；动作蕴含着五禽的神韵，通过其动作的柔和缓慢、路线的方圆变化、姿势的左右均衡对称等，来体现和达到形神合一。

娱悦精神

叁

法

怎么练五禽戏

基本功练习

五禽戏中包含多种呼吸方法，以自然呼吸、腹式呼吸为主，还涉及提肛呼吸、停闭呼吸等。合理使用各种呼吸方法，会让练功取得更好的效果。

自然呼吸 |

自然呼吸，即自身顺其自然地进行呼吸，呼吸过程中不施加任何人为的干涉，自由地进行呼吸。在五禽戏功法练习中，一般保持唇齿自然闭合，用鼻呼吸的自然呼吸方式。呼吸的快、慢、长、短，都依据个人身体情况而改变。

腹式呼吸 |

腹式呼吸可人为控制呼吸的深度和时间，通过膈肌和腹肌的运动，使腹部有规律地起伏，从而达到提升肺换气量和改善内脏功能的目的。

腹式呼吸可分为顺腹式呼吸与逆腹式呼吸两种。

顺腹式呼吸：吸气过程中，腹肌扩张，膈肌下降，腹部充盈气体，小腹逐渐鼓起；呼气过程中，腹肌收紧，膈肌上升，呼出气体。顺腹式呼吸能提升肺的换气量。

逆腹式呼吸：吸气过程中，腹肌收紧，膈肌收缩下降，腹部容积减小；呼气过程中，腹肌放松，膈肌上升，腹腔容积变大。相比顺腹式呼吸，逆腹式呼吸更能影响内脏器官，改善内脏器官功能。

提肛呼吸 |

即在呼吸过程中加入提肛动作，吸气的同时收缩肛门和会阴周围肌肉，呼气的同时放松肛门和会阴周围肌肉。

停闭呼吸 |

即在呼气或吸气后，短时停止呼吸动作的呼吸方法，以增强对肌肉、关节和内脏的刺激。一般来说，停闭时间不要超过 2 秒。

握固

（一）

（二）

拇指屈曲，抵于无名指指跟处，其余四指屈曲握在一起。

自然掌

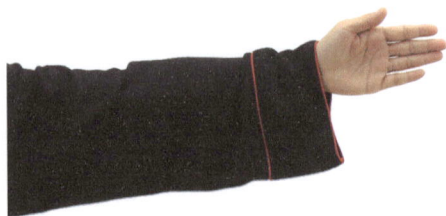

手掌伸出，五指自然伸直，稍稍分开，掌心稍稍内含。

荷叶掌

手掌伸出，五指自然分开，手指伸直。

虎爪

手掌伸出，虎口张开，五指撑圆，每个手指的第一、二指节屈曲内扣。

猿钩

手掌伸出，五指屈曲，指腹聚合在一起，屈腕。

鹿角

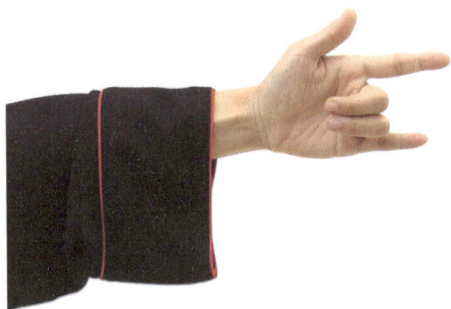

手掌伸出，拇指自然张开，其余四指伸直，然后中指、无名指屈曲，指腹贴近手掌。

熊掌

手掌伸出，五指并拢屈曲，拇指压在食指的指甲上，虎口撑圆。

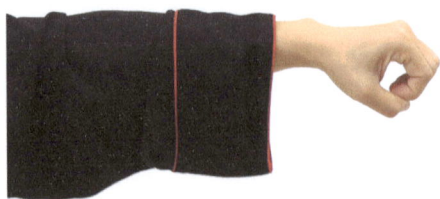

鸟翅

手掌伸出，五指自然分开，中指、无名指并拢下压，其余三指稍稍上翘。

| 步型练习 |

并步 |

双腿伸直、并拢, 脚尖向前; 双臂
自然垂于身体两侧; 头部中正, 目
视前方。

开步 |

双脚左右分开站立, 双脚距离约同肩宽; 双臂自然垂于身体两侧; 头
部中正, 目视前方。

马步 |

屈膝半蹲站立，双脚距离大于肩宽，膝盖前顶但不超过脚尖，膝关节夹角大于90°。上身挺直，目视前方。

弓步 |

双腿并立，一条腿向前跨出一大步，屈膝，膝盖前顶但不超过脚尖，脚尖稍稍内扣；后腿伸直，全脚掌着地，脚尖向外打开。

丁步 |

双腿稍稍开立，屈膝下蹲，双脚距离约为脚长的1/2。一条腿提膝，脚跟抬起，脚尖点地，且脚尖同另一只脚的脚弓对齐；另一只脚全脚掌着地。

后点步 |

双脚并立，一只脚向前迈一步，全脚掌着地，腿伸直；另一只脚向后迈一步，脚尖点地，腿伸直。

提踵步 |

双脚并立或开立，双腿伸直，双脚脚跟离地，脚尖撑地。

桩功练习

无极桩

并步站立，双腿并拢；双臂下垂，手腕放松，双掌自然贴在身体两侧，双肩放松，收下颌，目视前方；闭唇，舌抵上腭。

抱元（抱球）桩

双脚开步站立，双脚距离约同肩宽，双膝微屈；双手在身前环抱，指尖相对，环抱高度在肩部和裆部之间（根据功法的不同，环抱高度也会有所差异），目视前方或前下方。

国术健身：五禽戏

降龙桩 |

分为左式降龙桩和右式降龙桩。

左式降龙桩：双脚开立，距离约同肩宽；左脚向前跨一大步，脚尖朝向左前方，屈膝，膝关节夹角大于90°，右腿伸直，右脚全脚掌着地；上身前俯，向左拧转；左臂内旋，向下、向后按掌至臀部高度，掌心斜向后，右臂内旋，向上、向前推掌至头部右上方，掌心斜向上。

右式与左式动作相同，唯方向相反。

右式

左式

升降桩 |

（一）

身体正直站立，双脚距离约同肩宽；双臂自然贴于身体两侧。目视前下方。

（二）

双臂屈肘，双手摆至腹前，掌心向上，指尖相对。

双掌缓慢上托至胸部高度。目视前方。

双臂内旋，掌心向下。

五

双掌缓慢下按至腹前。目视前方。

| 意念练习 |

五禽戏功法练习中，合理运用以下几种意念，有助于集中注意力，功法动作也会更加准确。

意念动作过程 |

即在功法动作练习的过程中，加入意念。将意念集中于动作是否准确，是否合乎练功要领。将意念与动作过程相结合，最终达到形神合一。

意念呼吸 |

即在呼吸中加入意念。将意念集中于对呼吸的调整，使呼吸与动作更好地配合。

意念身体部位 |

即在练功过程中，将意念集中于身体重点部位，使人快速排除杂念，提升动作的准确性。意念身体部位有助于充分发挥功法的作用。

存想法 |

即在练功入静时，自己设想某种形象或景象，并将自身融入其中，使这种形象或景象对心理产生影响，进而对生理产生影响，从而起到积极调节身心的作用。

默念字句 |

即在练功过程中，内心默念动作的歌诀，以及每一式动作的名称。这样做有助于排除杂念，将注意力集中于练功，稳定心神。

功法练习

基本要求

一、保持心平气和，双肩放松，腰腹放松。

二、双腿伸直并拢站立时，保持身体中正挺直。

三、双掌的动作路线呈弧形。

四、双掌上托时，距离约同肩宽。

（一）

双脚并拢站立，双臂下垂，手腕放松，双掌自然贴在身体两侧，双肩放松，收下颌，目视前方；闭唇，舌抵上腭。

（二）

双腿微微屈膝，左脚缓慢向左迈一步，脚尖先轻轻着地，然后过渡至全脚掌，双脚距离约同肩宽；目视前方，保持全身放松。

（三）

以肩为轴，双臂外旋，微微屈肘，双掌向前、向上托至与胸同高，掌心向上。

（四）

双臂内旋，双肘抬高，掌心向内收向胸前。

（五）

双臂内旋，掌心向下，按掌至腹前。

双手左右分开，双臂自然下垂，双掌贴于身体两侧；目视前方。

* 注：因套路的连贯性，本书视频演示中的某些动作定势时间较短，随即转变为下一动作，所以在观看视频演示时请参照文字说明并以后者为准。

功法提示

功理作用： 凝神静气，调整心态，为专注练功做好身心准备。

呼　　吸： 步骤三双掌向上托时吸气，步骤五双掌下按时呼气。

易犯错误： 练习过程中弯腰驼背；移步时双膝伸得太直而导致重心不稳，可稍稍屈膝；双臂摆动僵硬，或与呼吸不协调。

基本要求

一、注意手型（掌、拳、虎爪）的转换，转换位置在头顶、胸前和小腹前。

二、双手经身前上下直线摆动。

三、虎举时，要向上撑掌，拉伸躯干，脚趾抓地。

（一）

（二）

接上式。双手向前划至髋前，五指分开，掌心向下；目视双手。

双手手指向下弯曲，呈虎爪状。

双手握拳，双臂外旋，使拳心相对；目视双拳。

双臂屈肘，双拳向上举至胸前；眼随拳动。

五

脚趾抓地；双拳举至胸前时，双臂内旋，变拳为掌，掌心向上，继续上举至头顶，直至手臂伸直，虎口相对；腹部伸展，头部仰起，目视双掌。

六

保持身体姿势不变，双手十指弯曲，变为虎爪状。

七

双臂外旋，双手握拳，拳心相对。

八

双手下拉至胸前，目视双拳。

九

双手变拳为掌，掌心向下，继续下按至腹前；眼随手动。

（十）

双手十指弯曲，变为虎爪状；目视双手。

（十一）

双手握拳，双臂外旋，使拳心相对；目视双拳。

（十二）

双臂屈肘，双拳向上举至胸前；眼随拳动。

（十三）

脚趾抓地；双拳举至胸前时，双臂内旋，变拳为掌，掌心向上，继续上举至头顶，直至手臂伸直，虎口相对。腹部伸展，头部仰起，目视双掌。

保持身体姿势不变，双手十指弯曲，变为虎爪状。

双臂外旋，双手握拳，拳心相对。

双手下拉至胸前，目视双拳。

双手变拳为掌，掌心向下，继续下按至腹前；眼随手动。

双手向两侧分开，双臂伸直，自然贴于身体两侧。全身放松，目视前方。

功法提示

功理作用： 双臂充分上举，可舒展身体，使呼吸畅通，消化系统顺畅。

呼　吸： 如果个人气息足够长，可以在双手上举过程吸气，双手下落过程呼气；如果个人气息不够长，可双手上提至胸前过程吸气，双拳变掌过程呼气，双掌继续上举过程吸气，双掌下落过程呼气。双手变虎爪时，可停闭呼吸，或采用自然呼吸。

易犯错误： 双手上举时，背部易反弓，可脚趾抓地，背部挺直，保持重心稳定；掌、拳、虎爪这三个手型转变混淆，转变时机不清晰；双手上举、下按时，未呈直线上下运行。

虎扑 |

基本要求

一、躯干上拔时，腰部要充分伸展，头部抬起，髋部前送。

二、俯身前扑时，腰部充分伸展，头部抬起，双臂和躯干尽量与地面平行。

三、双手上举、躯干上拔时，动作要流畅和谐，从膝部、髋部、腹部和胸部依次运动。

四、虎扑向前迈步时，迈出的脚要稍稍外展（约 30°），脚跟着地。

五、下扑动作可适当加速，双手力达指尖，如同猛虎按压猎物。

（一）

接上式。双手握空拳，双拳沿身体两侧上提至胸侧；目视前方。

（二）

双手继续上举，分别举至头部的左上方和右上方，带动上身稍稍后仰。

三

双手向前、向上画弧做虎扑状，同时十指弯曲变为虎爪；上身前俯，双手下按，力达指尖；同时塌腰，臀部充分向后伸展，胸部前挺；目视前方。

四

双手画弧收回身体两侧，同时双腿屈膝下蹲；目视下方。

五

双腿伸膝站起，髋部前送，脊柱节节蠕动，上身后仰；同时双手握空拳，沿身体两侧上提至胸部两侧；目视前上方。

右脚尖稍稍向外打开约 30°，重心转移至右脚，左腿提膝抬起；同时双手提至肩部上方，再向外、向上画弧；目视前上方。

右腿屈膝下蹲，左脚前迈，左腿伸直，左脚跟挨地；同时双手十指弯曲，变为虎爪，向前、向下画弧至与右膝同高，双手距离约为两个肩宽；目视前下方。

（八）

左脚向左后方撤回，双腿伸膝站起，双手握空拳，双拳沿身体两侧上提至胸侧；目视前方。

（九）

髋部前送，脊柱节节蠕动，上身后仰；目视前上方。

（十）

双手继续上举，分别举至头部的左上方和右上方，带动上身稍稍后仰。

双手向前、向上画弧做虎扑状，同时十指弯曲变为虎爪；上身前俯，双手下按，力达指尖；同时塌腰，臀部充分向后伸展，胸部前挺；目视前方。

双手画弧收回身体两侧，同时双腿屈膝下蹲；目视下方。

十三

双腿伸膝站起，髋部前送，脊柱节节蠕动，上身后仰；同时双手握空拳，沿身体两侧上提至胸部两侧；目视前上方。

（十四）

左脚尖稍稍向外打开约 30°，重心转移至左脚，右腿提膝抬起；同时双手提至肩部上方，再向外、向上画弧；目视前上方。

（十五）

左腿屈膝下蹲，右脚前迈，右腿伸直，右脚跟挨地；同时双手十指弯曲，变为虎爪，向前、向下画弧至与左膝同高，双手距离约同两个肩宽；目视前下方。

右脚向右后方撤回，双腿伸膝站起，双手变掌，垂放于身体两侧；目视前方。

功法提示		
功理作用：	腰部的上拔和前伸，充分拉伸脊柱，提升脊柱的灵活性，纠正脊柱生理曲度，增强脊柱周围肌肉力量，改善脊柱周围肌肉、软组织的血液循环。	
呼　　吸：	身体后仰、双手上提时吸气，身体前压、双手前扑时呼气。	
易犯错误：	前扑时易低头、屈膝，双臂或高或低，做不到水平；双手上举、躯干上拔时，动作僵硬，脊柱不能以波浪轨迹蠕动，可通过多加练习来改善；单脚向前落下时易重心不稳，可重心后移至后面的脚。	

基本要求

一、转腰抵角时，先扭转腰部，身体再向一侧屈曲，充分感受另一侧腰部、背部肌肉的拉伸。

二、注意手型的转变，在双臂摆至与肩同高时，空拳和鹿角之间转换。

三、转腰抵角时，后面的脚要踩实，从肩后看向后面脚的脚跟。

四、腰部侧屈、拧转幅度应以个人身体状况为准。

一

接上式。屈双膝，重心转移至右腿，左脚向左前方迈一步，脚跟着地；同时上身稍稍右转，双手握空拳，左臂屈肘，左拳摆至右胸前方，拳心向下，右拳摆至身体右侧，与肩同高，拳心向下；目视右拳。

二

两拳变为鹿角状。

三

左脚从脚跟到脚尖逐渐踏实，脚尖外展，屈左膝，右腿伸直；同时上身左转，重心前移，两臂跟随向左画弧。

四

上身向左侧倾，左臂屈肘，肘部贴靠腰部左侧，右臂稍稍屈肘，跟随身体左倾，向左、向上、向后画弧至头部左前方，小臂呈水平状态；右脚脚跟蹬实，使右侧腰部和背部得到充分伸展；目视右脚跟方向。

上身右转回正，左脚尖抬起，重心移至右腿；左臂稍稍屈肘，向前、向上画弧至头部左上方，右臂跟随身体回正，位于头部右上方，双手掌心向前；目视前上方。

上身右转，双手向右、向下画弧至身体右侧，左手位于右胸前方，右手摆至身体右侧，与肩同高，掌心向下；目视右手。

七

左脚向后收回，双腿屈膝，双手握空拳，目视右手。

双手下放至身体两侧，双腿伸直；目视前方。

屈双膝，重心转移至左腿，右脚向右前方迈一步，脚跟着地；同时上身稍稍左转，双手握空拳，右臂屈肘，右拳摆至左胸前方，拳心向下，左拳摆至身体左侧，与肩同高，拳心向下；目视左拳。

十

两拳变为鹿角状。

右脚脚尖外展，从脚跟到脚尖逐渐踏实；同时上身右转，双手跟随向右画弧。

右脚踩实，右腿屈膝，左腿伸直，上身向右侧倾，右臂屈肘，肘部贴靠腰部右侧，左臂稍稍屈肘，跟随身体右倾，向右、向上、向后画弧至头部右前方，小臂呈水平状态，左脚脚跟蹬实，使左侧腰部和背部得到充分伸展；目视左脚跟方向。

上身左转回正，右脚尖抬起，重心移至左腿；右臂稍稍屈肘，向前、向上画弧至头部右上方，左臂跟随身体回正，位于头部左上方，双手掌心向前；目视前上方。

上身左转，重心移至左腿，双手向左、向下画弧至身体左侧，右手位于左胸前方，左手摆至身体左侧，与肩同高，掌心向下；目视左手。

右脚向后收回，双腿伸直，双手下放至身体两侧；目视前方。

功法提示		
功理作用：	腰部拧转动作多且拧转幅度大，可提升腰椎灵活性和腰部肌肉的柔韧性，增强腰椎周围肌肉力量，防止腰部脂肪堆积。	
呼　吸：	步骤❶、步骤❾双手握空拳摆臂时吸气，步骤❸、步骤⓫转体抵角时呼气；步骤❺、步骤⓭双臂上摆时吸气，步骤❻、步骤⓮双臂下摆时呼气。	
易犯错误：	双臂的侧摆和上下摆动僵硬，可以腰部带动肩部，再带动手臂摆动；腰部侧屈、拧转幅度不充分，拉伸不足，注意后面脚要全脚掌撑地，在让身体更稳定的同时，还加大了侧屈、拧转的幅度，手腕、手指也要注意伸展。	

鹿奔 |

基本要求

一、提起的脚向前迈出时，在空中的轨迹呈弧形，抬脚要高，
前迈幅度要大，但落步要轻、小。

二、重心后靠时，背部要拱起，含胸、伸颈、收腹，臀部收
紧，充分拉伸背部。

三、跳步动作要轻盈。

（一）

接上式。双腿屈膝，重心移至右
腿，左腿提膝，脚尖向下；双手
握空拳，向上提至腰部两侧；目
视前方。

（二）

左腿继续提膝至腹前，双拳上举
至头部两侧，拳心向前。

右腿支撑身体稳定，保持身体其他部位不动，左腿向前上方高高抬起。

左脚向前迈一步，轻落步，稍稍屈膝；双手向前、向下画弧至双肩前方，向下屈腕，腕同肩高，拳心向下。

五

右腿屈膝，后坐，重心移至右腿，含胸收腹，背部拱起，头部前伸，使背部得到充分伸展；同时双臂内旋，向前水平伸展，双手手背相对变鹿角，指尖向前；目视下方。

（六）

右腿蹬直，左腿屈膝，重心前移至左腿；上身直立，头部抬起；双手握拳，拳心向下；目视前方。

（七）

左脚脚尖抬起，脚跟着地，双手向身体两侧收。

（八）

左腿向后收回，双拳变掌并下放至身体两侧，双腿微屈，目视前方。

(九)

左脚触地后立刻跳步，重心移至左腿，右脚提起；同时双手握空拳提至腰部两侧；目视前方。

(十)

(十一)

右腿继续提膝至腹前，双拳上举至头部两侧，拳心向前。

左腿支撑身体稳定，保持身体其他部位不动，右腿向前上方高高抬起。

右脚向前迈一步，轻落步，稍稍屈膝；双手向前、向下画弧至双肩前方，向下屈腕，腕同肩高，拳心向下。

左腿屈膝，后坐，重心移至左腿，含胸收腹，背部拱起，头部前伸，使背部得到充分伸展；同时双臂内旋，向前水平伸展，双手手背相对变鹿角，指尖向前；目视前下方。

左腿蹬直，右腿屈膝，重心前移至右腿；上身直立，头部抬起；双手握拳，拳心向下；目视前方。

右脚脚尖抬起，脚跟着地，双手向身体两侧收。

右腿向后收回，双拳变掌并下放至身体两侧，双腿微屈，目视前方。

功法提示

功理作用： 双臂前伸动作充分活动肩部，拉伸肩、背部肌肉，改善肩关节功能；收腹拱背，活动脊柱及脊柱周围肌肉，加强腰腹部肌肉力量，改善脊柱形态；迈大步、落小步可提升身体平衡能力。

呼　　吸： 步骤一、步骤九提膝，双臂上提时吸气，步骤四、步骤十二提膝腿下落，双臂下摆时呼气；步骤五、步骤十三背部拱起时吸气，步骤六、步骤十四重心前移时呼气。

易犯错误： 落步后前、后脚容易与躯干在一条直线上，导致重心不稳，注意落步时落在同侧肩前，与另一侧脚在横向上有距离；跳步僵硬不灵活，注意双脚落地轻，且带有弹性，落地、提起节奏相同；背部向后拱起的动作幅度太小，没有含胸；双臂前伸时双腕相碰。

基本要求

一、上身运转画圆时，下肢不动。

二、双手在腹前摩运时，髋部保持相对稳定。

三、头部跟随上身一起画圆。

四、双肩放松，上身和双手画圆流畅自然。

五、双腿始终保持微微屈膝。

六、上身后仰画圆时，胸部上提，拉伸腰腹部；前俯画圆时，含胸挤压内脏。

接上式。双膝微屈，上身稍稍前倾；双臂屈肘，双手握空拳轻贴于腹前，拳心向内；目视双拳。

保持下身不动，以腰部为轴，上身顺时针向右转动，双手随之摩向右肋处；目视右下方。

上身继续沿顺时针方向，从右向后、向上转动，挺胸收腹，双手随之摩向上腹部；目视前上方。

上身继续沿顺时针方向，向左转动，双手随之摩向左肋处；目视左下方。

上身继续沿顺时针方向，从左向前转动，双手随之摩向下腹部；目视前下方。

国术健身·五禽戏

保持下身不动，以腰部为轴，上身逆时针向左转动，双手随之摩向左肋处；目视左下方。

上身继续沿逆时针方向，从左向后、向上转动，挺胸收腹，双手随之摩向上腹部；目视前上方。

上身继续沿逆时针方向，向右转动，双手随之摩向右肋处；目视右下方。

上身继续沿逆时针方向，从右向前转动，双手随之摩向下腹部；目视前下方。

双腿伸膝直立，双拳自然落于身体两侧，变为双掌；目视前方。

功法提示

功理作用： 以腰腹部位为支点，上身画圆，可提升腰椎灵活性，增强腰腹部肌肉力量，挤压按摩内脏，提升消化系统功能。

呼　　吸： 身体转动后仰时吸气，身体转动前压时呼气。

易犯错误： 上身画圆僵硬，或上身画圆时，下肢跟随画圆，注意要保持下身不动，要多加练习；上身画圆时，双手未能同步画圆，可固定双手所画之圆的大小，要多加练习。

熊晃 |

基本要求

一、提起的腿落地震脚时，全脚掌着地，然后向前顶膝呈弓步。

二、震脚后身体拧转时，以腰腹为中心来拧转。

三、身体拧转晃动时，双肩放松，双肘放松，跟随身体自然摆动。

四、上身向后拧转时，胸部上提，腰部舒展；向前拧转时，含胸，挤压肋部。

（一）

（二）

接上式。右腿伸直，重心转移至右腿，左髋上提，臀部收紧，带动左脚离地；双手握空拳；目视左前方。

左腿提膝，上身向左拧转；同时保持肩部水平，右臂稍稍前摆；目视左前方。

（三）

上身向右拧转，重心前移，左脚向左前方迈一步，屈膝，左脚掌向下用力并踏实；同时右臂后摆，左臂内旋前摆；目视左前方。

（四）

重心后移，右腿屈膝，上身向左拧转。

（五）

上身继续向左拧转，右臂前摆，左臂后摆，左腿逐渐伸直；目视左后方。

左肩下压，右肩上提，左腿屈膝，右腿伸直，腰部向右拧转；右臂屈肘；目视左下方。

上身回正，左臂内旋，向前摆至髋部左前方，右臂向后摆至与腰同高，拳心均向左；目视左前方。

重心前移，左腿伸直；右髋上提，臀部收紧，带动右脚离地；目视右前方。

九

右腿提膝，上身向右拧转；同时保持肩部水平，左臂稍稍前摆；目视右前方。

十

上身向左拧转，重心前移，右脚向右前方迈一步，屈膝，右脚掌向下用力并踏实；同时左臂后摆，右臂内旋前摆；目视右前方。

重心后移，左腿屈膝，上身向右拧转。

上身继续向右拧转，左臂前摆，右臂后摆，右腿逐渐伸直；目视右后方。

右肩下压，左肩上提，右腿屈膝，左腿伸直，腰部向左拧转；左臂屈肘；目视右下方。

上身回正，右臂内旋，向前摆至髋部右前方，左臂向后摆至与腰同高，掌心均向右；目视右前方。

左脚向前迈一步，上身回正；双手下放至身体两侧，变拳为掌；目视前方。

功法提示

功理作用： 身体左右、前后拧转，可挤压肋部，调理内脏；髋部的上提，落脚震脚，可以活动髋关节，提升髋关节灵活性，还可以提升身体平衡能力，增强髋关节周围肌肉力量。

呼　吸： 步骤一、步骤八脚离地时吸气，步骤三、步骤十落步时呼气；步骤四、步骤十一重心后移时吸气，步骤六、步骤十三重心前移时呼气。

易犯错误： 提髋时双肩不是呈水平状，应保持肩部放松，双肩水平；落脚过于主动、用力，导致震脚僵硬，且震感不能传送到髋关节，注意在保持踝关节、膝关节自然放松的情况下全脚掌落地；没有用腰部带动上身拧转、双臂摆动，或拧转、摆动速度过快，达不到动作效果。

基本要求

一、提踵时，头、肩、腹、肛、脚跟按顺序依次上提，落踵
　　时也按同样的顺序下落。

二、双手变钩手速度要快。

三、瞪眼有神，眼神敏锐。

四、提踵时，充分耸肩、含胸、屈肘、收腹。

五、转头时，水平转头，目光也水平转移。

（一）

（二）

接上式。双臂内旋，双手水平置
于腹前，十指分开，指尖斜对；
低头目视双手。

双手快速外旋一周，十指聚拢变
为猿钩，掌心向下。

（三）

双臂屈肘、屈腕，双手上提至胸前；同时肩部充分上耸，努力含胸、拱背，收紧腹部，提肛，双脚提踵；瞪眼看向前方，眼神机警敏锐。

（四）

保持身体其他部位动作不变，头部左转约 45°。

（五）

保持身体其他部位动作不变，头部回正；目视前方。

双脚脚跟落地；同时全身放松，肘部向两侧抬起，双手在胸前变猿钩为掌，十指相对，掌心向下；目视前方。

双手下按至腹前。

双手分开，自然贴于身体两侧；目视前方。

双臂内旋,双手水平置于腹前,十指分开,指尖斜对;低头目视双手。

双手再一次快速外旋一周,十指聚拢变为猿钩,掌心向下。

双臂屈肘、屈腕,双手上提至胸前;同时肩部充分上耸,努力含胸、拱背,收紧腹部,提肛,双脚提踵;瞪眼看向前方,眼神机警敏锐。

十二

保持身体其他部位动作不变，头部右转约 45°。

十三

保持身体其他部位动作不变，头部回正；目视前方。

十四

双脚脚跟落地；同时全身放松，肘部向两侧抬起，双手在胸前变猿钩为掌，十指相对，掌心向下；目视前方。

双手下按至腹前。

双手分开，自然贴于身体两侧；
目视前方。

功法提示

功理作用：提踵动作可增强下肢肌肉力量，提升身体平衡能力；手型的快速转变可改善反应的灵敏性；耸肩、含胸、屈肘动作可挤压胸腔，按摩内脏，改善心肺系统功能。

呼　吸：步骤一、步骤九低头双臂前摆时吸气，步骤二、步骤十双掌变猿钩时呼气；步骤三、步骤十一双手上提时吸气（同时提肛），步骤六、步骤十四双脚脚跟下落时呼气（同时落肛）；步骤四、步骤五、步骤十二、步骤十三头部转动时停闭呼吸。

易犯错误：未能水平转头，目光也未能水平转移；提踵时易重心不稳，可收紧臀部和腿部肌肉，头部上提引导身体垂直向上运动，增加稳定性。

猿摘 |

一、眼神机敏，跟随上肢动作表现出左顾右盼的状态。

二、丁步下蹲时，全身收紧，上身倾斜。

三、"摘桃"时，上方手要快速变猿钩；"托桃"时，上方
手的五指要快速分开，目光跟随上方手而动。

四、整个"猿摘"过程，动作有快有慢，转变自然。

接上式。左脚向左后方撤一步，右腿屈膝，上身前倾；左臂屈肘，左手变掌为猿钩，沿身体左侧上提至左腰，右手摆向右前方；目视右手。

重心后移，左腿屈膝，右腿伸直，脚尖抬起，上身左转；右手向左、向前画弧；目随右手转动。

（三）

上身继续左转，右脚点地，成为右丁步；右手继续向左、向上画弧至左肩前方；目随右手转动。

（四）

双腿屈膝下蹲，全身收紧，同时面部转向右上方，使右手掌心正对左侧太阳穴；目视右上方。

（五）

右手翻掌，向下做摘桃动作。

双腿伸膝站起，左腿保持微微屈膝状态，身体右转，右腿向右前方迈步，脚跟着地；同时右手向右上方摆动，左手向上摆动；目视右前方。

重心右移，右腿伸直，左脚踮起，上身右转；同时右手摆向右后方，左手向右上方画弧至头部前上方，快速变为猿钩，向下屈腕做摘桃动作；目视左手。

（八）

左脚跟下放，右脚尖抬起，上身左转；同时左臂屈肘收回，左手握拳，与面部同高，右手向下、向左、向前画弧。

（九）

右脚靠近左脚，脚掌着地，呈右丁步，双腿屈膝下蹲；同时左拳变掌，掌心向上呈"托桃"状，右手托于左肘下方，掌心向上；目视左掌。

右脚向右后方撤一步，上身右转；右手变猿钩，收向腰部，左臂伸展，左手掌下翻，掌心向下；目视左手。

十一

重心后移，右腿屈膝，左腿伸直，脚尖抬起，上身右转；左手向右、向前画弧；目随左手转动。

十二

上身继续右转，左脚点地，成为左丁步；左手继续向右、向上画弧至右肩前方；目随左手转动。

十三

双腿屈膝下蹲，全身收紧，同时面部转向左上方，使左手掌心正对右侧太阳穴；目视左上方。

十四

左手翻掌，向下做摘桃动作。

十五

双腿伸膝站起，右腿保持微微屈膝状态，身体左转，左腿向左前方迈步，脚跟着地；同时左手向左上方摆动，右手向上摆动；目视左前方。

十六

重心左移，左腿伸直，右脚跷起，上身左转；同时左手摆向左后方，右手向左上方画弧至头部前上方，快速变为猿钩，向下屈腕做摘桃动作；目视右手。

右脚跟下放，左脚尖抬起，上身右转；同时右臂屈肘收回，右手握拳，与面部同高，左手向下、向右、向前画弧。

左脚靠近右脚，前脚掌着地，呈左丁步，双腿屈膝下蹲；同时右拳变掌，掌心向上呈"托桃"状，左手托于右肘下方，掌心向上；目视右掌。

双腿伸膝直立，身体转正，左脚向左迈一步；双手自然放于身体两侧；目视前方。

功法提示

功理作用： 多处俯仰、转身动作，可提升身体的灵敏性、协调性，放松神经和心情；目光的多方向变换，带动颈部左右转动，加速脑部供血。

呼　　吸： 步骤一、步骤十退步摆臂时吸气，步骤二、步骤十一重心后移摆臂时呼气；步骤三、步骤十二转体丁步时吸气，步骤四、步骤十三屈膝下蹲时呼气；步骤六、步骤十五向前迈步时吸气，步骤七、步骤十六"摘桃"时呼气；步骤八、步骤十七转体收拳时吸气，步骤九、步骤十八托桃时呼气。

易犯错误： 四肢动作僵硬不协调，需多加练习；手型转变混淆，或不够快；注意重心提升时，手臂舒展，重心下降时，缩颈团身；"摘桃"时没有腕部下压动作；下肢动作易混淆，可多加练习。

| 基本要求 | 一、双手在腹前交叠时，高度以舒适为准。 |

一、双手在腹前交叠时，高度以舒适为准。

二、双手相叠上举时，上身要稍稍前倾，抬下颌，缩颈，收缩肩胛骨，腰部下塌，胸部前挺；双手下落时，屈膝，肩部、颈部、腰部放松。

三、双臂后摆、向后"展翅"时，肩部、胸部充分后展，身体反弓。

（一）

接上式。双腿屈膝，双手摆向腹前，上下交叠，掌心向下；目视前下方。

（二）

双腿伸直，双手保持交叠，向上托举至头顶上方；同时上身前倾，挺胸塌腰，双肩充分上提，用力缩颈；目视前方。

（三）

双腿屈膝，双手相叠下落至腹前；目视前下方。

（四）

重心右移，保持右腿屈膝，左腿提起；双手分开，向身体两侧画弧，掌心向后；目视前方。

（五）

右腿伸直，左腿向后伸直；双手向身后画弧，掌心由向后逐渐变为斜向上，手指由向下逐渐变为斜向后，变为"鸟翅"状；目视前上方。

（六）

左脚向左下落，双腿屈膝；双手向前摆至腹前，双手交叠，掌心向下；目视前下方。

双腿伸直，双手保持交叠，向上托举至头顶上方；同时上身前倾，挺胸塌腰，双肩充分上提，用力缩颈；目视前方。

双腿屈膝，双手相叠下落至腹前；目视前下方。

重心左移，保持左腿屈膝，右腿提起；双手分开，向身体两侧画弧，掌心向后；目视前方。

左腿伸直，右腿向后伸直；双手向身后画弧，掌心由向后逐渐变为斜向上，手指由向下逐渐变为斜向后，呈"鸟翅"状；目视前上方。

右脚向右下落；双手自然收向身体两侧；目视前方。

功法提示

功理作用：	双臂的上下、前后摆动，使身体充分舒展，呼吸畅通，增加肺活量，提升呼吸系统功能。
呼　　吸：	双臂上举、后举时均吸气，双臂下摆时呼气。
易犯错误：	手型转变混乱，节奏不清晰，注意手臂后展时双手变鸟翅，从后展下落过程中，鸟翅变掌；提膝展翅时重心不稳，注意头部上提，将身体重心放在支撑腿上，另一条腿后伸时，绷脚背；双臂后展时身体未反弓，注意肩、胸后展，腰腹前顶，向前送髋。

鸟飞 |

基本要求

一、双臂上摆做"鸟飞"时，充分伸展双臂，肩部、胸部后展，动作优美；双臂下摆时，肩部放松，稍稍含胸。

二、提膝、落脚动作和双臂上摆、下摆动作同步进行。

三、双臂摆至头顶上方时，手背相对。

四、提膝高度最好在腰部以上，但根据个人身体状况可有所不同。

（一）

接上式。双腿屈膝，双手摆向腹前，掌心向上；目视前方。

（二）

重心右移，右腿蹬直，左腿提膝抬起；同时双手变为"鸟翅"状，向两侧平举；目视前方。

左脚下落，前脚掌着地，双腿屈膝；同时双手向下、向前画弧，收至腹前，掌心向上。

右腿再次蹬直，左腿再次提膝抬起；同时双手变为"鸟翅"状，双臂经身体两侧充分舒展上举至双手位于头顶上方，指尖向上，手背相对，双腕相距约5厘米；目视前方。

左腿下落，双腿稍稍屈膝；同时双手经身体两侧下落至腹前，掌心向上。

重心左移，左腿蹬直，右腿提膝抬起；同时双手变为"鸟翅"状，向两侧平举；目视前方。

（七）

右脚下落，前脚掌着地，双腿屈膝；同时双手向下、向前画弧，收至腹前，掌心向上。

（八）

左腿再次蹬直，右腿再次提膝抬起；同时双手变为"鸟翅"状，双臂经身体两侧充分舒展上举至双手位于头顶上方，指尖向上，手背相对，双腕相距约 5 厘米；目视前方。

右脚向右下落，同时双手自然收向身体两侧，目视前方。

功法提示

功理作用： 双臂上下摆动使身体充分舒展，呼吸畅通，增加肺活量，提升呼吸系统功能；提膝动作需保持一定时间，有助于提升身体的平衡能力。

呼　　吸： 双臂平举、上举时均吸气，双臂下摆时呼气。

易犯错误： 手型转变混乱，节奏不清晰，注意手臂上摆时双手变"鸟翅"状，在下落过程中，"鸟翅"状变掌；双手下落时，支撑腿未能屈膝；双臂摆动不够自然，要保持手臂自然放松，不要伸得太直。

收势 引气归元

一、整个动作过程中，保持身体中正，双腿自然站立。

二、双臂上举时，肩胛骨与胸部上提；双掌下按时，身体放松，动作稳定、流畅、轻柔。

三、练功结束后，如果时间充足，可进行搓掌、浴面、按摩腹部、叩击牙齿等动作，进一步放松身体。

一

接上式。双臂外旋，双手向身体两侧平举，掌心向上；目视前方。

双手继续上举至头顶，稍稍屈肘，手臂自然呈弧形，掌心倾斜，指尖相对；目视前方。

双手沿身体正前方缓慢下按至胸部，掌心向下；目视前方。

全身放松，双手继续下按至腹前。

双手分开，收至身体两侧；目视前方。

左脚收向右脚。五禽戏功法套路演示结束。

* 注：在收势过程中，如果练习时间充裕，可进行闭目静养、搓掌、浴面等动作；如果练习时间紧张，也可省略此过程，练习者可根据具体情况决定。

功法提示

功理作用： 从练功状态进入平时状态，心神归于平静。

呼　　吸： 步骤一双臂上举时吸气，步骤三双手下按时呼气。

易犯错误： 双臂上举时没有呈弧形，没有上提肩胛骨，或没有提胸；双手上举、下按动作过快。